AF369925

LE RÉFÉRENDUM

Conférence

faite par

M. AUGUSTE BRION

Président

de l'Office public d'Habitations à bon marché du Bas-Rhin,

sous les auspices

de la

Confédération Patronale

d'Alsace et de Lorraine.

1925

H, 45, Fossé des Treize

STRASBOURG

Le Référendum

Messieurs,

Si je me permets aujourd'hui de prendre la parole au milieu de vous, ce n'est pas parce que je me trouve particulièrement qualifié pour le faire, surtout dans une assemblée où se trouvent des personnes ayant étudié le droit et les constitutions des différents pays et qui connaissent bien mieux que moi les conséquences historiques des différentes formes de constitution.

Mais mon avis est que même en étant complètement laïque en droit constitutionnel, chacun a le droit — et même le devoir — de s'occuper de la constitution de son pays et de son amélioration.

Or, la constitution d'un pays doit être, avant tout, souple. Cela n'était peut-être pas aussi nécessaire autrefois qu'aujourd'hui. Aujourd'hui, la vie est toute différente de ce qu'elle était il y a cent ans.

Le télégraphe, le téléphone, le chemin de fer, le bâteau à vapeur, l'aviation, la télégraphie sans fil et toutes ces inventions dont nous sommes si fiers ont créé de nouveaux besoins, et ils en créent *chaque jour* d'autres. Mais, de même que les moyens pratiques que l'homme a à sa disposition se perfectionnent, de même les manières de voir se modifient, et notre constitution devrait pouvoir s'y adapter.

Les législateurs de 1875 n'ont pas pu tout prévoir. Ils ont cherché à créer une constitution stable. Elle l'est si bien, que tout changement est difficile, et que, de l'avis de certaines personnes, une modification de la constitution ne pourrait se faire sans de grandes difficultés, sans désordres et même sans effusion de sang. Je ne le crois pas.

Je crois même que les difficultés ne pourront que grandir aussi longtemps que ces modifications n'auront pas eu lieu ; car nous risquons fort, si nous attendons trop longtemps, de ne plus pouvoir faire les changements nécessaires à notre constitution sans provoquer une révolution ou, pour le moins, de grandes difficultés.

Or, je voudrais prouver que le référendum rendrait des changements ultérieurs possibles, sans désordres, ni difficultés.

Les législateurs de 1875 n'ont certainement pas pensé faire une œuvre de toute éternité. Ils se seront dit, en donnant une nouvelle constitution au pays, que si à l'usage — ou par suite de modification de vues, par suite de découvertes ou d'inventions — certains changements devaient être nécessaires, il serait du devoir des citoyens de les introduire. M. Robert Bourget-Pailleron s'exprime ainsi à ce sujet dans la *Revue universelle :* « La République est un arbre que sa croissance a fait dévier. Il n'est plus dans l'axe du pays. »

Concluerons-nous alors comme Maurras dans l'*Action française :* « Alors il faut l'abattre ? » Oh, que non ! nous ne voulons pas perdre les fruits de la révolution pour lesquels nos ancêtres se sont battus. Mais nous voulons redresser cet arbre dévié, chercher à profiter des enseignements de l'histoire des derniers temps, et modifier ce qui n'est plus actuel. Il me semble donc que chaque citoyen a le droit de faire des propositions dans cet ordre d'idées, si la modification proposée doit remédier à certains défauts, à certaine lacune. Cette lacune existe. Elle n'a peut-être pas existé de tous temps ; elle existe aujourd'hui, toutes les personnes qui ont eu l'amabilité de répondre à ma suggestion, le reconnaissent. Cette lacune a son origine dans *l'absence du contact nécessaire entre l'électeur et l'élu.* Une fois élu, l'électeur n'a plus aucune prise sur son élu, qui souvent fait bon marché du programme du parti politique qui lui a donné son appui ; il en est résulté des situations absolument contraires au sens de la République et au sens que le législateur a voulu mettre dans ce mot.

Junius, dans l'*Echo de Paris,* écrivait dernièrement :

« La République, devenue ce qu'elle est devenue, tombée aux mains où elle est tombée, est-elle capable de donner au pays le gouvernement dont aucun pays ne saurait se passer pour vivre ? Au moins un minimum d'ordre et de sécurité ? »

Cherchons à répondre à la question et voyons ce qu'est la République, ce qu'elle devait être dans l'esprit de ses fondateurs, et ce qu'il faudrait faire pour qu'elle réponde exactement à son programme.

J.-J. Rousseau définissait ainsi la République : « J'appelle République tout Etat *régi par des lois,* sous quelque forme d'administration que ce puisse être, car alors seulement l'intérêt publique gouverne, et la chose publique est quelque chose. »

A ce compte, rien ne ressemble moins à la République que le régime sous lequel nous vivons.

D'après Larousse la République est le gouvernement dans lequel le pouvoir *est exercé par le peuple*, par l'entremise d'élus nommés à temps par le suffrage universel. Le sens de ces paroles est clair et ne demande pas de longues explications. Une autre définition dit que la République est la forme de gouvernement de la République française, dont la constitution, datée du 25 février 1875, est celle dans laquelle le pouvoir exécutif «est confié à un ou plusieurs magistrats élus et non héréditaires, et où tous les citoyens, ou une classe de citoyens, nomment les membres temporaires des assemblées législatives ou administratives ».

Il semble bien résulter de ces deux définitions que les élus doivent représenter l'opinion populaire et la faire valoir.

Il est du reste certain que le législateur n'a pas songé à donner un mandat impératif aux élus du suffrage universel. Mais il est tout aussi certain que l'élu doit représenter la volonté populaire. Seulement cette volonté, ne pouvant s'exercer que très difficilement par voie directe, le législateur a prévu des mandataires, d'autant plus qu'autrefois les moyens d'information n'étaient pas aussi faciles qu'aujourd'hui et que les inconvénients, résultant de l'abdication de l'électeur en faveur de son élu, n'étaient pas encore aussi apparents. Mais ces inconvénients subsistent aujourd'hui : ils sont frappants et angoissants. Aussi nous lisions dernièrement dans la *Gazette de Lausanne* cette remarque fort juste, que «si les *questions de personnes*, les *obligations de clientèle*, les *combinaisons électorales l'emportent* chez une grande puissance sur toutes les autres préoccupations, elle risque fort de ne plus être une grande puissance». Nous voyons donc quels dangers nous courrons par suite des événements. On nous observe que « l'électeur peut, par son bulletin de vote, ne plus nommer un mandataire qui ne satisfait plus. C'est pourquoi le suffrage universel est introduit ».

Or aujourd'hui, le *suffrage universel* ne satisfait plus. Les candidats font toutes les promesses possibles et imaginables pour être élus. Du jour où leur ambition a été satisfaite, ils ne se préoccupent plus de leur programme et de leurs promesses, et il n'y a personne pour les leur rappeler. Bien plus, ils ne restent plus en contact avec les électeurs et bien rarement avec leur parti politique.

Nous avons encore vu tout récemment le député Varenne accepter un poste de gouverneur de l'Indochine, contrairement à l'avis et aux principes de son parti, qui formaient son programme électoral.

C'est que le parti politique n'a aucun autre moyen pour rappeler un élu au respect de sa signature et de ses engagements que de l'expulser de son parti. C'est ce qui est arrivé lors de la législature précédente à certains Ministres, membres du parti radical-socialiste.

La plupart du temps, l'élu ne tient pas compte de cette exclusion.

En effet, il y a assez de partis similaires qui le recevront à bras ouverts.

Mais l'électeur, voyant que le sens du suffrage universel de la République est ainsi ignoré, se dit, ce que nous avons entendu à maintes reprises lors des dernières élections : « A quoi cela sert-il de voter ? que nous votions un socialiste, un communiste ou un conservateur, l'effet est le même ! »

La *plupart* alors ne vote pas — ce que nous avons vu, lors des dernières élections. Ainsi à Lyon, par exemple, où dans le 8e canton sur 10709 électeurs inscrits — il y a eu 4629 votants ; et dans le 10e canton sur 13555 inscrits, 5686 votants. A Saint-Etienne Sud-Est, Monsieur Durafour, ministre du Travail, a été élu avec 4061 voix, de 6466 votants sur 15235 inscrits. Nous avons vu de ces abstentions dans d'autres parties de la France. A Strasbourg la participation aux élections n'a pas été beaucoup plus forte. N'est-ce pas un signe que le suffrage universel n'a pas fonctionné comme il le devrait ? Ces résultats donnent à réfléchir sur notre suffrage universel, et nous ne pouvons nous déclarer satisfaits de l'explication suivante :

« Les $^2/_3$ des électeurs ont préféré aller se promener », si le temps a été beau, ou bien : « les électeurs sont restés chez eux, il faisait trop mauvais temps ».

Faut-il en conclure que le *vote doive être obligatoire ?* Je ne suis pas partisan d'une obligation de ce genre. Un vote qu'il faut exiger ne donnerait, je crois, pas de bons résultats.

Je ne voudrais pas non-plus que la *forme républicaine de notre constitution* soit en jeu. C'est pourquoi je ne puis souscrire à la manière de voir de Louis Romier, dans le *Figaro*, qui semble vouloir dire que la République à la longue est intenable. Il écrit : « La démocratie tend, par le jeu naturel des pressions électorales et des compensations politiques, vers une centralisation absolue qui est, matériellement, incompatible avec l'exercice même du pouvoir central. Tout afflue au sommet, qui fléchit. On nomme cela l'étatisme. En réalité, c'est une congestion anarchique.

« Le pouvoir central, essoufflé, laisse croître le désordre là où sa charge est de maintenir l'ordre.

« Le pouvoir local, étouffé, étouffe à son tour des initiatives et des élans qui devraient rester libres. »

L'Action française, qui cite cet article, conclut : « *Rétablisssons la monarchie* ». Solution inacceptable pour nous.

M. André-François Poncet continue dans l'*Avenir* ses « Réflexions — assez mélancoliques — d'un républicain moderne ». Il énumère les responsabilités de l'Etat dans la crise de l'autorité :

« Première faute de l'Etat : il n'a pas *respecté la fonction de ses fonctionnaires ;* il n'en a pas respecté l'indispensable neutralité ; il s'en est servi pour des fins de politique de parti, au-dessus et en dehors desquelles il était essentiel que les fonctionnaires fussent laissés ; il leur a donné le mauvais exemple, un exemple qui s'est retourné contre lui.

« Seconde faute de l'Etat : il a toléré l'intervention, de plus en plus abusive, du législatif dans l'administratif, *l'intrusion des élus dans tous les détails de l'administration locale*. Le député et le sénateur sont devenus des roitelets d'arrondissement ou de département, des super-préfets. Du cantonnier au président de tribunal, les fonctionnaires — et leur avancement — sont tombés dans la dépendance du bon plaisir des parlementaires.

« Troisième faute de l'Etat : il a étendu sans mesure, la limite de ses attributions ; il est devenu *industriel, commerçant, banquier, éleveur ;* il s'est mis à exploiter lui-même des moyens de transport et de communication, des chemins de fer et des téléphones, à fabriquer des allumettes, des navires, de la poudre ; à entretenir des haras, à extraire et à vendre de la potasse, etc. »

Reconnaissons donc qu'une modification s'impose.

Un certain nombre de propositions dans ce sens ont été faites. Ainsi, beaucoup de citoyens trouvent anormal que l'homme qui, arrivé à l'âge de 21 ans, n'a trouvé le temps d'apprendre ni à lire ni à écrire, qui n'a pas la possibilité de lire un journal, et ne peut par conséquent se faire une idée des nécessités du pays et étudier les différents points de vue, que cet homme ait le même pouvoir électoral que tel professeur, industriel ou commerçant qui a de gros intérêts engagés et dont le bien-être et celui de milliers d'individus *dépend du plus ou du moins de compréhension* du gouvernement pour sa situation. D'autres demandent à juste titre que le bulletin de vote d'un père de famille ait une puissance plus grande que celui d'un célibataire, qui très souvent est égoïste et se dit : « après moi, le déluge, ceux qui viendront après moi n'auront qu'à voir comment ils pourront se tirer d'affaires ! » Tandis que pour le père de famille le problème est tout différent. Il a le souci de ce que ses enfants et petits enfants aient aussi le moyen de vivre ; que le fruit de son travail, de son épargne, de ses privations ne soit pas perdu, mais qu'il aide à ses descendants et leur facilite l'existence.

D'autres préconisent différentes solutions ou améliorations, comme par exemple :

1º La limitation du nombre de nos parlementaires ;

2º Le renouvellement du mandat de nos parlementaires, non en une fois, mais par tiers, de 2 en 2 années ;

3º La séparation nette des pouvoirs législatifs et exécutifs ; à cet effet, élection du président de la République soit par les Conseils généraux, soit par suffrage universel ;

4º Suppression de l'initiative parlementaire en fait de matière financière ;

5º L'exclusion des parlementaires des pouvoirs publics ;

6º Création d'une cour suprême chargée de veiller à l'observation des lois constitutionnelles du pays ;

7º Décentralisation : suppression des monopoles :

8º Représentation professionnelle.

Je ne voudrais pas m'attarder à l'étude de ces questions intéressantes ; mais je veux parler d'une autre solution, la première de toutes, qui serait *d'intéresser les électeurs aux affaires de l'Etat :* c'est le *référendum.* Car j'en suis persuadé : sans référendum, avec notre système actuel des 2 Chambres, nous n'arriverons jamais à faire les réformes dont j'ai parlé, et qui seraient si nécessaires pour le pays.

Et d'abord, qu'est ce que le référendum ? C'est un appel au pays, c'est une consultation populaire. — Chaque électeur a le droit et même le devoir moral de donner son avis par son bulletin de vote.

Mais il est certain que cette consultation ne peut avoir lieu sur toutes les questions qui se présentent.

Aussi, les pays qui ont adopté une mesure de ce genre, tels que la Suisse, quelques Etats de l'Amérique du Nord, etc. ont-ils restreint ce droit à certains cas très particuliers. Ainsi en Suisse, le référendum *fédéral* a lieu si 30.000 citoyens actifs demandent une votation populaire au sujet d'une loi, d'un décret ou d'un arrêté adoptés par le gouvernement, si ces lois, décrets ou arrêtés sont d'une portée générale, et n'ont pas de caractère d'urgence.

La loi suisse connait du reste aussi un référendum *cantonal* et même un référendum *communal*. Je ne m'arrêterai pas à ces 2 dernières formes de consultation populaire, aussi très intéressantes, mais voudrais seulement prouver par là que le référendum est applicable et appliqué dans certains pays, à tous les étages de l'administration, soit de la commune, du département et de l'Etat. Je remarquerai à cette occasion que certaines personnes ont suggéré de commencer par introduire le référendum communal, dont l'essai présenterait moins de dangers à leur avis.

J'entrevois donc une amélioration très sensible de notre constitution et de nos mœurs politiques par l'introduction du référendum. Il fonctionnerait comme une soupape de sûreté et donnerait à tout chacun la possibilité, dans certaines conditions, d'en appeler à l'opinion publique.

Le référendum permettrait aussi à nos députés et sénateurs de recourir à cette instance supérieure dans des cas vraiment trop délicats pour eux. Il était certainement pénible, à la plupart des députés et sénateurs, de se voter à eux-mêmes des indemnités, puis de se voter des augmentations, puis encore de se voter l'affranchissement postal : Cela a été si pénible que certains d'entre eux se sont décidés — je ne sais si cette décision a été maintenue — à ne prélever que la moitié de l'indemnité et de verser l'autre moitié dans la caisse de leur parti.

Il est certain que si le référendum avait existé à ce moment là, la proposition aurait été faite à la Chambre de soumettre cette question au référendum.

Il serait aussi à même de solutionner certains différents que nous constatons avec regret entre les 2 Chambres et qui présentent des surfaces de frottement préjudiciables au bon fonctionnement de la machine gouvernementale.

Il aurait de plus l'avantage d'éveiller l'intérêt des masses sur les questions vitales du pays; car les électeurs, ayant la possibilité, non seulement de donner un avis sur une personne, mais aussi sur une proposition de loi, les luttes d'opinion seraient moins vives et moins brutales. Aujourd'hui l'électeur n'a en général jamais, hors la période électorale, l'occasion de parler des affaires de l'Etat, qui l'intéressent aussi, et d'entendre l'avis de ses concitoyens des autres partis politiques ; il en parlera, il est vrai, à son lieu de travail, au marchand de vin du coin et à ses copains et camarades d'atelier, mais il est rare qu'il trouve là un contradicteur, et le résultat en sera que les esprits en général seront surchauffés et que les opinions politiques deviendront de plus en plus extrémistes.

Sous le régime actuel, l'électeur n'a aucune influence sur la politique de son pays. Il est vrai qu'il a les journaux pour y lire ce que son élu a dit et fait, et où, théoriquement, il peut présenter ses vœux et exprimer son avis. Or, aucune presse n'acceptera de publier cet avis. Mais quelle est la presse qu'il lit ? C'est la presse neutre, la *presse d'information*, qui met en vedette sur la première page le dernier assassinat, le déraillement de chemin de fer, ou autres faits divers.

Et quand c'est une presse d'opinion, l'homme de la rue pourra tout aussi peu faire valoir son avis ; mais vous y trouverez, sauf de grandes exceptions, des attaques plus ou moins déguisées sur les chefs du parti politique qui sont au pouvoir, sur leurs méfaits. Ainsi, un grand journal d'information nous apprend dernièrement que d'après le dernier rapport de la cour des comptes, conseillers municipaux et conseillers généraux se partagent annuellement des millions, dont pas un centime ne leur est dû, comme le constatent les hauts légistes préposés à la vérification et à l'emploi des finances.

Je comprends que la lecture de pareille gabégie incite d'excellents républicains à douter de notre constitution qui est, paraît-il, incapable d'éviter de pareils abus. Mais le rédacteur de cet article se rend-il bien compte de l'effet désolant qu'un article de ce genre fera sur des esprits simplistes déjà entraînés à ce jeu périlleux de critiquer absolument tout? Et n'aurait-il pas mieux valu qu'il cherchât d'abord à s'assurer de l'exactitude de ces renseignements, qui, je l'espère, sont faux ou au moins inexactes ? La lecture d'articles semblables est certainement mauvaise, et tout le monde connaît la grande difficulté que l'on a à intéresser cette même presse à des questions économiques morales ou sociales.

On affiche assez souvent, il est vrai, dans les derniers temps, des discours d'hommes politiques à la Chambre et au Sénat. Je ne crois pas que ces discours soient souvent lus.

J'ai parcouru pendant les dernières années beaucoup de contrées de France, je me suis arrêté dans les grandes Villes, dans les villages et hameaux. Je n'ai pas vu les électeurs, avides de nouvelles politiques, entourer ces affiches et les commenter. Par contre vous pourriez voir que presque chacun a entre les mains un numéro de cette presse d'informations, dont la lecture, ainsi que je le disais tout à l'heure, n'est souvent pas saine et sans dangers, pour l'homme qui a de la peine à discerner, dans tout ce qui est écrit, ce qu'il faut croire.

Le résultat est que la plupart du temps, il ne croira plus à rien — et plus à l'honnêteté de personne.

Ce résultat est-il désirable ? Cela est bien douteux ! Vous trouverez que j'exagère ? Allez vous mêler aux consommateurs de l'un des nombreux mastroquets de Paris, des grandes villes et villes moyennes, écoutez leurs avis et leurs sujets de conversation et vous m'en direz des nouvelles. Vous me direz si j'exagère et si la situation ne donne pas lieu à chercher de nouvelles formules et à donner satisfaction à l'homme de la rue.

Je le répète, le contact si nécessaire entre l'électeur et son élu n'existe pas. Et ne croyez pas que ce manque ne soit pas remarqué. Voyez l'affluence des visiteurs et solliciteurs dans la salle des pas perdus de la Chambre des députés. Ils sont là d'ordinaire 30, 40, 50 qui cherchent à parler à leur député, à lui demander d'intervenir dans telle ou telle question, de représenter leurs intérêts ou ceux de leur Corporation. Ils attendent souvent des heures, quelquefois inutilement, pour pouvoir parler quelques minutes à cet homme influent toujours pressé. Mais pourrait-il en être autrement ?

Comment voulez-vous que le député, contraint à visiter les ministres, à figurer aux séances, aux commissions , à parcourir l'immense bibliographie des rapports dont on distribue annuellement des centaines sur les sujets les plus divers, et dont beaucoup contiennent des centaines de pages, puisse encore s'occuper de rendre compte à ses électeurs de sa gestion et les consulter dans les cas dont il ne connaît rien ?

Un ancien député écrit dans son journal :

« Qu'ils soient du Bloc National, ou du Bloc de gauche, les députés assistent de moins en moins aux séances et aux commissions. Un député me disait à ce sujet : Je tiens de feu le papa Eugène Pierre, secrétaire général irremplaçable et impeccable du Palais Bourbon, que *Vingt Députés élus au 16 novembre n'avaient pas, en quatre ans et demi, franchi une seule fois le seuil de la salle des séances ni, bien entendu, des bureaux.* Les trois quarts de mes collègues votaient par procuration. L'excellent Saumande administrait à lui seul 155 boîtes ! »

Mais voyez comment ils remplissent leur mandat, qui est devenu un marchandage continuel. Voilà ce qu'en dit Robert de Jouvenel, un connaisseur :

« Vote pour mes postiers, je voterai pour tes bouilleurs de cru. »

— « Vote pour Clermont Ferrand port de mer, et je voterai le canal de la Garonne au Rhin.

— En fin de compte on s'entend sur l'accessoire ; l'essentiel reste en suspens. »

Est-ce cela le suffrage universel tel que les fondateurs de la République l'ont imaginé ?

Après l'entrée des troupes françaises à Strasbourg, j'ai tout de suite cherché à reprendre contact le plus tôt possible avec mes collègues et amis de Paris ; et après les premières effusions de joie et de tendresse nous avons parlé affaires. J'ai demandé des directives, des conseils pratiques ; puis j'ai demandé des précisions au sujet des partis politiques, en disant que nous entendions, il est vrai, parler de la gauche républicaine, du parti radical, radical-socialiste, républicain-socialiste, etc., mais que les différents nuances ne nous étaient pas bien claires.

Un excellent ami, à qui j'ai posé la question, a froncé les sourcils. Il avait l'air de me dire: Quelle mouche vous a donc piqué de vouloir mettre le nez dans ce guêpier? Il est trop bien élevé pour me le dire; mais il m'avoua ne pas être au courant, et m'indiqua le nom d'un homme politique qui pourrait me renseigner. Mais je n'oublierai jamais l'expression de ses traits à ce moment-là. Il considérait — et, je crois bien que beaucoup de bons Français du monde des affaires m'auraient donné la même réponse — que la politique n'était rien pour des hommes sérieux qui ont encore besoin de travailler ; qu'il fallait laisser ce plaisir douteux aux spécialistes. J'avais l'air de me mêler des affaires qui ne me regardent pas.

Puis j'ai pris contact avec la Ligue civique. L'une des premières remarques que me fit le professeur Lauson, c'était que la ligue ne prenait pas de politiciens dans le sein de son Comité.

Je commençais à comprendre, et quand même, je suis obligé de me demander: Est-on sur le bon chemin en s'écartant ainsi, farouchement, des affaires de l'Etat, et en laissant la solution de toutes les questions, mêmes des questions économiques, aux politiciens, dont la tendance naturelle est toujours de les attirer dans le domaine politique ? Tout le monde n'est pas de cet avis : Je ne cite que la voix de M. Ferrand, qui écrit dans le *Bâtiment :*

« Il appartient aux industriels, aux entrepreneurs que nous sommes d'affirmer leur résolution de sortir de l'indifférence ; il nous appartient de participer à la direction des affaires publiques, au même titre que nous dirigeons nos affaires privées ; il nous appartient, enfin, de contribuer à organiser la démocratie en appuyant cette organisation sur toutes les forces de travail et de production que nous représentons. »

L'élection d'un député coûte au candidat une petite fortune. Aussi, quand il est nommé, considère-t-il sa charge comme une profession, et sa grande préoccupation est d'assurer sa nouvelle élection. Car beaucoup se demandent : que ferai-je, rentré dans la vie civile ? Les uns tiennent à leur poste à cause des revenus, les autres à cause du milieu qui leur plait.

Voyez les résultats :

Le *Daily Mail* fait parler l'armée française du Maroc comme suit :

« La situation est infiniment meilleure que nous ne l'espérions, cependant nous n'avons pas d'espoirs démesurés. *Abd-el-Krim* peut choisir son heure, il peut attendre la pluie qui isolera les positions qu'il a abandonnées. Il *peut compter sur les dissensions qui se feront jour cet hiver au sein du parlement français : Bien plus sûrement que les pluies d'hiver elles annuleront au Maroc l'œuvre des troupes françaises.*»

Notre devoir est donc de modifier un système fautif. Enlevons à la compétence des parlementaires telles questions techniques et les questions irritantes, quoique simples, où les Chambres ne peuvent se mettre d'accord ou chacune prétend qu'elle connaît *l'avis du pays souverain*, et donnons à chaque citoyen le devoir de s'occuper lui-même des affaires du pays.

Faisons réfléchir chaque citoyen avec nous aux solutions que demande la situation d'aujourd'hui, si avancée au point de vue de la science et de la technique, mais si retardée quant aux questions sociales. Cherchons comment nous pourrons arriver à décongestionner nos grandes villes, à décentraliser la France, à donner à l'industrie, au Commerce, aux professions une *représentation professionnelle* qui puisse seconder nos élus. Car ces derniers doivent pouvoir donner leur avis et leur vote sur un grand nombre de questions qu'ils ne connaissent pas : c'est pourquoi, donnons à tout électeur qui n'est pas satisfait d'une loi, d'un décret qui vient d'être adopté, le droit d'en appeler au peuple sous certaines restrictions nécessaires, afin qu'il ne puisse pas devenir un abus, donnons-lui le *référendum*.

Car, je le répète, il est certain que pour beaucoup de Français, la *République* devrait être la forme du gouvernement dans laquelle tout chacun peut dire son avis et le faire valoir. La liberté de parler, la liberté de la presse ne vont pas sans la faculté de faire valoir son opinion.

Mais la conséquence du référendum est tout naturellement le renforcement des partis politiques. Il s'agira par exemple de gagner l'électeur à l'idée que le droit de vote pour les femmes est une chose équitable et juste, et une question dans laquelle nous avons été devancés par beaucoup de nations.

Chaque parti politique aura alors le devoir d'amener l'électeur à se ranger à son avis en lui faisant entrevoir que les raisons qui militent en faveur de sa thèse sont les meilleures.

Chaque parti sera obligé de se rapprocher de ses partisans ; il lui faudra rassembler ses adhérents, créer et conserver un contact bien plus intime avec eux et développer une vie politique bien plus intense. Les grandes questions du jour devront être discutées et préparées pour nos mandataires auprès des pouvoirs publics. Si les extrémistes ont aujourd'hui une certaine raison d'être, c'est qu'ils peuvent prétendre qu'ils n'ont pas les moyens de faire entendre leur voix et ils peuvent toujours avancer qu'ils sont la majorité : or, il n'y a pas de moyens absolument sûrs de leur prouver le contraire.

Le référendum remédie à ce défaut, et c'est pourquoi je préconise ce système qui a déjà fait ses preuves dans d'autres pays.

Beaucoup de nos élus, naturellement, entrevoient dans la réalisation de ce vœu un amoindrissement de leur pouvoir et de leur influence. Mais leurs craintes sont-elles justifiées ? Je ne le crois pas. Le député sérieux, à la hauteur de sa tâche, (le sont-ils tous ?) sera au contraire heureux d'avoir l'occasion de présenter sa manière de voir devant ses électeurs et de les gagner à son avis.

Le mécontent d'aujourd'hui, qui se plaint de ce que toutes les décisions sont prises au-dessus de sa tête, et qu'il ne trouve pas le moyen de faire entendre son opinion, n'aura plus aucun motif sérieux pour le faire, s'il a eu la possibilité de donner son avis dans une ou plusieurs réunions préparatoires, et par son bulletin de vote. Sa manière de voir, sa vanité si vous voulez, sera satisfaite.

Parmi les objections qui m'ont été présentées contre le référendum, j'en ai trouvé une qui s'est très souvent répétée : La revision de la constitution est une affaire très dangereuse, elle ne pourra se faire sans désordre, suivant quelques-uns mêmes, sans effusion de sang.

Cet argument vient à l'appui de ma thèse, car le référendum donne à chacun, qui trouve un certain nombre de citoyens animés des mêmes idées que lui, la possibilité d'exiger que l'on vote sur sa proposition. Le référendum est au contraire une soupape de sûreté : Je ne partage donc pas les craintes de mes contradicteurs : J'estime que l'électeur français est bien trop sensé pour saisir l'occasion où l'on veut précisément augmenter ses droits, pour provoquer des désordres ; et je crois que les organes qui sont à la disposition du gouvernement pour maintenir l'ordre sont amplement suffisants.

Un de mes correspondants, dans cette question, un grand industriel du centre, m'envoie à cette occasion une satire de Fustel de Coulanges tirée de : « Une élection » de Georges Oudard. Je cite ces paroles :

« Si l'on se représente tout un peuple s'occupant de politique et, depuis le premier jusqu'au dernier, depuis le plus éclairé jusqu'au plus ignorant, depuis le plus intéressé au maintient de l'état de choses actuel jusqu'au plus intéressé à son renversement, possédé de la manie de discuter les affaires publiques et de mettre la main au gouvernement ; si l'on observe les effets que cette maladie produit dans l'existence de milliers d'êtres humains, si l'on calcule le trouble qu'elle apporte dans chaque vie, les idées fausses qu'elle met dans une foule d'esprits, les sentiments pervers et les passions haineuses qu'elle met dans une foule d'âmes ; si l'on compte le temps enlevé au travail, les discussions, les pertes de force, la ruine des amitiés ou la création d'amitiés factices et d'affections qui ne sont que haineuses, les délations, la destruction de la loyauté, de la sécurité, de la politesse même, l'introduction du mauvais goût dans le langage, dans le style, dans l'art, la division irrémédiable de la société, la défiance, l'indiscipline, l'énervement et la faiblesse d'un peuple, les défaites qui en sont l'inévitable conséquence, la disparition du vrai patriotisme et même du vrai courage ; les fautes que chaque parti commet tour à tour, à mesure qu'il arrive au pouvoir dans des conditions toujours les mêmes, les désastres dont il faut les payer : Si l'on calcule tout cela, on ne peut manquer de dire que cette maladie est la plus funeste et la plus dangereuse épidémie qui puisse s'abattre sur un peuple, qu'il n'y en a pas qui porte de plus cruelles atteintes à la vie privée et à la vie publique, à l'existence matérielle et à l'existence morale, à la conscience et à l'intelligence, et qu'en un mot, il n'y eut jamais de despotisme au monde qui pût faire tant de mal. »

Et Léon Treich cite plus loin ces lignes d'Auguste Comte :

« Tout choix des supérieurs par les inférieurs est profondément anarchique. »

Je dirais en réponse à cet article fulminant comme Aesope l'a dit de la langue, que le suffrage universel est le pire des maux ou la plus belle chose, suivant l'usage que l'on en fait. On peut engendrer des révolutions avec le suffrage universel. Mais on peut aussi améliorer le monde. C'est pourquoi je dis au contraire : *développons, perfectionnons le suffrage universel par le référendum.*

On m'a déjà répliqué à ma suggestion : « Nous avons la possibilité d'en appeler au pays, *il n'y a qu'à dissoudre les Chambres.* Le point sur lequel le pays devra être consulté se dégagera bien vite dans la lutte électorale. »

En êtes-vous bien sûrs ? et ne craignez-vous pas bien plus tôt qu'alors le résultat du suffrage universel ne soit faussé par l'incidence de toute une série de questions n'ayant rien à voir à celle qui a été cause de la dissolution de la Chambre ?

Mais si vous admettez que l'on puisse en appeler au pays pour solutionner une question de principe, pourquoi ne pas lui poser la question directement ? Pendant le référendum, la machine gouvernementale pourra continuer à marcher. Si la Chambre est dissoute, bien des questions resteront en suspens.

Le dérangement, le désordre si vous voulez, serait encore bien plus grand. La preuve du reste que ce moyen (je parle de la dissolution de la chambre) n'est pas très simple, très recommandable, c'est que cette solution n'est que bien rarement admise ; et que M. Millerand, quand il aurait eu ce moyen pour faire juger la question, qui en somme était une interprétation de la constitution, a préféré n'en pas faire usage. Vous vous rappelez qu'un parti assurait que cette demande était inconstitutionnelle.

Cette question d'interprétation de la constitution, ce conflit entre le pouvoir législatif et le pouvoir exécutif n'a pas été solutionné, alors qu'il aurait pu facilement être réglé par le référendum. Je crois même que si le référendum avait existé, la question ne se serait pas posée.

Envoyons de plus aux parlements, non des politiciens, mais des hommes pratiques, des individus présentés par les corps de métiers ou syndicats professionnels: en un mot des personnes qui sentent leurs responsabilités devant leurs électeurs, qui le consulteront, le cas échéant, avant de prendre une décision dans telle ou telle question, et vous aurez un parlement plus sage, représentant certainement des intérêts spéciaux, mais sachant aussi que pour arriver à un résultat acceptable, il faut tenir compte des intérêts divergents, en un mot, qu'il faut des hommes qui savent ce que veut dire *dominer* avec sagesse.

Quant à la représentation professionnelle je vous entends dire: Nous l'avons! N'avons-nous pas entendu parler du Conseil économique qui doit précisément, au mois d'octobre, commencer ses travaux ?

Le Conseil économique créé auprès de la Présidence du Conseil, n'a satisfait personne, car, en effet, il n'est pas une *représentation professionnelle*.

Cette représentation, pour être vraiment un organe intéressant, devrait être choisie parmi les professionnels militants et par les professionnels eux-mêmes, et non au hasard, suivant les sympathies personnelles et les affinités politiques, mais suivant les compétences reconnues par leurs semblables.

Comprend-on p. ex. qu'aucune Chambre de Commerce n'ait été consultée pour la constitution du Conseil économique?

A une autre occasion nous pourrons rechercher si cette représentation que je préconise devra siéger dans un parlement à part ou si elle devra remplacer la Chambre ou le Sénat; si elle aura voix consultative ou délibérative. Qu'il me suffise de dire que les députés et sénateurs sont très souvent obligés de décider telle question qu'ils ne connaissent pas et que pour différentes raisons ils ne peuvent consulter les organisations spéciales qui représentent des intérêts.

Je crois avoir montré par quels chemins il faudra passer pour arriver à cette représentation professionnelle et au référendum. Les négociations seront dures, d'autant plus que nos élus d'aujourd'hui se figureront souvent que le changement proposé est une marque de défiance, et qu'ils perdront beaucoup au change. Ce problème, simple en lui-même, se compliquera de la position des partis politiques dans la question.

Mais la proposition de référendum seule (pour les questions concernant toute la France) serait plus facilement réalisable, à moins que des questions politiques ne s'en mêlent. La question est simple, et elle pourra être résolue par une loi très courte. Nous prendrons comme exemple la loi suisse qui, me semble-t-il, pourrait, après quelques modifications de détails, aussi convenir chez nous.

Voici les dispositions sur la Revision de la constitution suisse, ainsi que sur le référendum :

La Constitution fédérale peut être revisée en tout temps, totalement ou partiellement. Lorsqu'une section de l'Assemblée fédérale décrète la revision totale de la Constitution fédérale et que l'autre section n'y consent pas, ou bien lorsque cinquante mille citoyens suisses ayant droit de voter demandent la revision totale, la question de savoir si la Constitution fédérale doit être revisée est, dans l'un comme dans l'autre cas, soumise à la votation du peuple suisse, *par oui ou par non* ; si, dans l'un ou dans l'autre de ces cas, la majorité des citoyens suisses prenant part à la votation se prononce pour l'affirmative, les deux Conseils sont renouvelés pour travailler à la revision. La revision partielle peut avoir lieu, soit par la voie de l'initiative populaire, soit dans les formes statuées pour la législation fédérale.

La Constitution fédérale revisée ou la partie revisée de la Constitution entre en vigueur lorsqu'elle a été acceptée par la majorité des citoyens suisses prenant part à la votation, et par la majorité des Etats. Pour établir la majorité des Etats, le vote d'un demi-canton est compté pour une demi-voix. Le résultat de la votation populaire dans chaque canton est considéré comme le vote de l'Etat.

Les lois fédérales sont soumises à l'adoption ou au rejet du peuple, si la demande en est faite par 30.000 citoyens ou par huit cantons. Il en est de même des arrêtés fédéraux qui sont d'une portée générale et qui n'ont pas un caractère d'urgence. La décision constatant qu'un arrêté fédéral n'a pas de portée générale ou revêt un caractère d'urgence est du ressort de l'Assemblée fédérale, et elle doit être chaque fois formellement annexée à l'arrêté lui-même.

La demande qu'une loi ou un arrêté fédéral soit soumis à la votation populaire, qu'elle provienne des citoyens ou des cantons, doit être formulée dans les quatre-vingt-dix jours dès celui de la publication de ladite loi et du dit arrêté dans la Feuille fédérale. Cette demande est adressée par écrit au Conseil fédéral. Le citoyen qui fait ou appuie la demande doit la signer personnellement ; le droit de vote des signataires doit être attesté par l'autorité communale du lieu où ils exercent leurs droits politiques, et il ne peut être perçu aucun émolument pour cette attestation. Les demandes d'une votation populaire provenant des cantons doivent être formulées par le Grand Conseil, Conseil cantonal ou Landrat.

A droit de voter tout Suisse âgé de vingt ans révolus et qui n'est point exclu du droit de citoyen actif par la législation du canton dans lequel il a son domicile.

La loi ou l'arrêté doit être considéré comme adopté lorsqu'il a été accepté par la majorité des citoyens suisses qui ont pris part au vote et par la majorité des cantons. S'il est constaté que la majorité des votants a rejeté la loi ou l'arrêté qui leur a été soumis, cette loi ou cet arrêté est considéré comme nul et non avenu et ne recevra aucune exécution.

Je me résume. Si vous ne voulez pas que le « peuple souverain » soit un vain mot, alors donnez-lui le moyen d'exprimer son avis, son désir. *Le bulletin de vote, sur une certaine personne, et non sur des faits, est un leurre, car l'électeur sera toujours obligé de faire entrer d'autres considérations dans son vote.* Les avis tant de l'électeur que de l'élu peuvent changer ; et le vote de l'élu ne sera bien souvent pas en concordance avec l'avis de ses électeurs.

Ne dites pas que le référendum n'est pas applicable en France, *parce que le pays est trop grand.* Cela serait nier la possibilité de diviser un travail quelconque.

Ne dites surtout pas, que notre peuple de France *n'est pas mûr pour exprimer sa volonté !* Cela serait le mettre sur un niveau bien trop bas. Je ne puis admettre que, faute d'éducation politique, le citoyen français ne puisse faire ce que le citoyen suisse a pu faire.

Messieurs,

L'orage gronde ; vous êtes tous d'accord qu'il y a un malaise, un mécontentement dans notre pays, et non spécialement dans nos 3 départements. N'attendez pas que cet orage éclate.

La République existe sur le papier. Elle n'existe pas complètement en réalité.

Ne croyez surtout pas que l'Unité de la France soit en jeu. Certainement vous n'obtiendrez pas un partage uniforme des voix dans tout le pays.

Mais craindre que l'Unité du pays soit en jeu, c'est méconnaître l'histoire. La forme du gouvernement n'est plus discutable. Le reste ne sont que des moyens d'exécution. N'oublions pas que notre constitution a été délibérée en 1875 par une assemblée de monarchistes : *la République seule n'a pas collaboré au statut républicain.*

Mon but a été de vous recommander le référendum. Je ne vous demande pas de le voter : Je vous demande de l'étudier, ou si vous préférez, je vous demande d'étudier quelles sont les désidératas quant à la revision de la constitution. La révision va venir, elle s'impose. Robert de Jouvenel écrit qu'il y a aujourd'hui des partisans de la revision constitutionnelle dans tous les partis. Il suffit donc d'une étincelle pour que la question soit mise sur le tapis. Soyons prêts !

Les partis politiques sont nos dirigeants : Confions leur la tâche de nous faire un programme, de nous guider ; mais *surtout*, soyons prêts !

Encore un mot, et j'ai fini. La Confédération Patronale a pris l'initiative de cette suggestion. C'était peut-être un moyen qui n'est pas du goût de tout le monde, pour étudier une question qui a certainement des répercussions économiques, mais qui est surtout politique. Mais c'était un bon moyen pour réunir dans une salle tous les partis politiques.

La Confédération Patronale vous suggère l'étude de ces questions. Nous attendons de ces partis, qu'ils nous soumettent le fruit de leurs études et qu'ils nous soumettent un plan d'action.

Si vous voulez des réformes urgentes chez nous, commencez par voter ou faire voter le référendum : vous fortifierez les partis et vous donnerez une éducation politique aux électeurs.